# Koo Iram

시인 구이람

그 여자 몇 가마의 쌀 씻어 밥을 지어 왔을까

구이람 시집

# 그 여자 몇 가마의 쌀 씻어 밥을 지어 왔을까

시학
Poetics

■ 시인의 말


"해와 달처럼 밝게 비추고[明], 시냇물처럼 맑게 흐르며 씻어내라[淑]"
 그렇게 이름을 주셨다는 아버지! 아버지를 늘 그리워합니다.

 제가 세상 삶에 다시 발을 디뎠을 때, 큰 어른께서 일암―嚴이라는 이름을 주셨습니다.
 그리고 얼마 전 시인으로 다시 걸음을 떼어 보고자 할 때, 항상 사람들을 나룻배에 태워 강을 건너 주시는 어느 뱃사공께서 이람으로 표기하는 것을 제안해 주셨습니다. 저는 그 이름이 마음에 꼭 듭니다.
 한 개 바위가 시를 통해 모래가 되고 물이 되어 곳곳으로 흘러가라는 마음의 소리를 듣게 되었습니다. 그래서 이람은 산 같은 바위를 지고 안고, 혼자서 함께 길 끝까지 가고 싶습니다.


2009년 12월
구이람

# 차 례

■ 시인의 말
■ 작품 해설 | 김재홍

## 제1부 봉숭아 꽃물을 들이면서

| | |
|---|---|
| 배내옷 | 15 |
| 꿈을 꾸다 | 16 |
| 색동저고리 | 17 |
| 봉숭아 꽃물을 들이면서 | 19 |
| 몽당연필처럼 | 21 |
| 빵과 밥의 완충지대 | 23 |
| 손톱 봉숭아불 | 25 |
| 보름 달빛 소나타 | 26 |
| 빈 그네 | 28 |
| 고향 나무 | 29 |
| 대들보 무너지는 소리 | 31 |
| 장미여, 백합이여! | 33 |
| 하늘을 보면 | 35 |

## 제2부 여자의 일생

그 여자의 일생을 39
길 위에서 길 찾기 40
소금 바다 41
그 여자 몇 가마의 쌀 씻어 밥을 지어 왔을까 43
인생 저축 44
삶을 다림질하며 45
옷을 갈아입으며 47
신의 선물 49
갈바람 대숲을 흔들어 51
구름의 둥지 52
화염산火焰山 53
서안西安에서 54
천산天山, 천지天池 55
찢어지는 시간을 위하여 57

## 제3부 이사도라 덩컨을 위하여

노동시장에서　61
이사도라 덩컨을 위하여　63
식물인간　65
접붙이기　66
기다림의 끝　67
궁금한 아파트　69
분수噴水의 꿈　70
낡은 땅 정든 언덕 위에　72
하얀 편지　73
오늘 결론이 무엇인가요　75
허수아비　76
따뜻한 마을버스　77

## 제4부 나의 무화과꽃을 위하여

채송화 편지　81
선인장 연가　82
평화의 영토　84
동죽冬竹　85
난蘭에게　87
낙화落花에게　88
변신　89
안개꽃 연가　90
생명 비나리　91
봄 엽서　93
과꽃　94
봄쑥향 물씬　95
낙타풀　96
나의 무화과꽃　97
묵은지에 관한 한 노트　98

## 제5부 봄 햇살로 마음을 닦다

미장원 쇼윈도 풍경    103
마음 비우기    104
봄 햇살로 마음을 닦다    105
하늘을 보다가    107
미운 정, 고운 정    109
빨랫줄에 걸린 봄    110
못    111
그리움에게    112
나 떠나기 전에    114
아침 놀이터에서    115
나는 길치다    116

## 제1부

봉숭아 꽃물을 들이면서

# 배내옷

언제나 장롱 속을 깊이 꿈꾸고 있다
배냇저고리, 엄마를 품어 안고 산다

봉숭아 꽃물 번지는 아득한 그리움에
자장자장 젖내음 피어오르는 그 솜옷

꽃답게 자라나거라! 여장부로 크거라!
아롱아롱 스며나는 어머니의 숨결 어려 온다

# 꿈을 꾸다

나에게 꿈이 있다면
세련미 모르는
수수한 한 포기 풀잎이고 싶다

그 풀밭에 누워
하늘 우러르다 높이 날아가는
한 떨기 이슬이고 싶다

나를 둘러싼 겉과 속
모두 벗고 떠나가는
한 점 흰 구름이고 싶다

내 꿈속 빈 항아리를 채울 때
또다시 푸르게 살아나는
그저 막사발 시 한 편이고 싶다

# 색동저고리


이국 만리, 낯선 땅에서
자장자장 자장가 소리
꿈길 밟고 다가오는 엄마의 숨결

한 땀 한 땀 소망을 꿰매 넣은
올올이 여문 세월, 색동저고리
세상을 고운 눈으로 보게 하고
아이의 엄마 되게 하였지

(어머님, 치마폭은 안온한 세상)

불혹의 유역을 흐르는데
아직도 유행 탄 옷들을 입으며
가슴 조이는 허상들
겹겹이 껴입은 기성복들
갑갑한 훈장 같은 무거운 십자가

재단되어 잘려나간 모국어를 줍다가

어머니가 지어 주신

내 무지개 꿈, 지난날

내 색동저고리를 입어 보네

# 봉숭아 꽃물을 들이면서

딸아, 내 사랑하는 딸아!
너는 마침내 꽃잎을 따는구나
초롱초롱 꿈을 머금고 서 있는
땀 구슬로 맺힌 꽃송이를

씨앗을 심고,
눈이 빠지도록 들여다보던 봄날
조심조심 어루만져 새싹을 가꾸어 온 날들
꽃이 피는 초여름까지 얼마나 노심초사하였니

매니큐어 화려한 세상을
너는 흙으로 시작하였구나
무딘 자연보다 조미료에 익숙한
너무나도 급한 세상, 네모나게 맞추어진 세상

어리숙한 삶의 길, 돌아서 멀리 가는 에움길
넘어져 무릎 깨질까 염려하면서도
짜여진 그물을 뚫고

너에게서 머나먼 별 세상을 만난다

황홀한 도시의 빛, 찬란한 명성의 빛
그보다도 더 아름다운 세상 빛은
네가 물들이는 봉숭아 꽃물
살아 숨쉬어 일렁이는 그 목숨의 빛을

## 몽당연필처럼


고사리 손 꼭꼭 눌러
몽당연필 일기를 쓴다

열 살 난 아이의 하루분
놀이들이 일기장 속에 쌓이고
연필은 하루만큼 제 몸을 덜어낸다

고단한 하루를 쓰고 또 지우고
풀고 또 풀어내는
복습과 예습을 되풀이한다

닳아진 제 몸을 스스로는 보지 못하고
자꾸 더 작아져 가는 몸뚱이로
신바람 신바람 그려내는 작품들
아이는 저 몽당연필로
세상을 얼마나 더 가질 수 있을까

삶이란 어차피 닳아가는 연습인 걸
연필처럼 제 몸 덜어내며 살아가야지
늙어도 부러지지 않는 연필처럼 그렇게

# 빵과 밥의 완충지대

 나의 몸을 뚫고 첫 번째 울음으로 꽃핀 너는, 서독 빌레펠트시 성프란치스쿠스 허스피탈 산부인과 병동에서 코레아의 목청을 울리며 힘겹게 세상에 나왔지. 독일 간호사가 눈인사를 나누며 목욕시킨 후 내 가슴에 안겨 주었을 때 너는 납작코의 영락없는 코레아너린. 새벽바람을 가르며 하얀 가운의 독일 간호사는 할로! 베이비, 축하해! 꾀꼬리 음성. 그렇지만 넌 아랑곳없이 계속 울어댔단다. 파김치가 되어 누워 있는 엄마에게 독일 간호사가 날라다 준 상냥한 아침 식사는 쓰디쓴 커피 한 통에 보리빵 세 쪽, 치즈 세 쪽, 소시지 세 쪽, 버터 등등 보기만 해도 혓바닥이 사막을 달리는 듯했단다. 같은 병실에서 같은 날 아기를 낳은 독일 여자들은 아기를 낳자마자 곧 샤워를 하더니 너무 덥다고 창문을 훨훨 열어 제치고 그 딱딱한 빵조각들을 달게 잘도 먹더군. 엄마는 뼛골이 시리고 한기가 나서 이불을 덮어쓴 채 입맛 쓰다고 아무것도 먹지 못했단다. 대한의 딸들이 독일 병원에서 친절한 미소로 굳세게 환자들을 돌보고 있는데 엄마는 바보처럼 고향을 그리며 울었지. 그래서 갓난 너를 안고 그랬어. 아가야! 너는 독일 여성들처럼 튼튼하고 힘세고 평등해라. 너는, 독일식으로 먹고 자랐어. 고기와 감자와 우유와 빵과 버터를 주식으로, 독일 유치원에서 노래도 춤도 잘도 배웠지. 친구도 독일 아이들뿐이었지. 그때 너는 엄마 아빠의 독일어 발음(R)을 간혹 놀리기도 했었지. 지금은 지구상에서 대한민국을 최고로 사랑하는 대학생, 독일어는 한마디도 남김없이 다 잊었지. 그동안 네 나름대로 험산준령도 넘고 지쳐 쓰러진 날들도 있었지만 엄마는 세워 주지 않았다. 너는 평등한 사람이 되기를 바랐기 때문이지. 너의 목소리를 창조하는 자유의 딸이 되기를. 이 땅에서 평등은 그게 아니라고 말하겠지. 너는 밥을 빵처럼 먹느냐. 진정한 평등을 먹느냐. 빵과 밥의 완충지대에서 어떻게 꽃피울까.

# 손톱 봉숭아불

몸을 으깨서 살을 찢고 피를 짜내어
칭칭 감은 소녀의 열 손가락에
밤새 옮겨 붙은 들불

봉숭아 붉은 마음 다 알길 없어도
손톱에 피어난 봉숭아 숯불 정情
소녀의 마음 팅기는 일편단심一片丹心 아슴한 숨소리

# 보름 달빛 소나타
― 금도끼 은도끼 떡방아 소리
  송편 빚는 새아기 부침개 지지고 뒤집는 소리

1
툇마루에 앉아 밤바람 손잡고
왈츠 추는 달밤 이야기
창가를 살몃 엿보는 달빛 소리

고향 기차역을 지나
구름 사이로 빙긋 웃는
푸른 달의 가쁜 숨소리

어둔 길 밝혀 주는 어스름 달빛
계곡물 살랑대는 둥근 달빛 소나타 소리

2
들녘 벼이삭 차랑차랑 춤추고
과일 새콤달콤 익어가는 향의 소리
곳간 가득 가득 채워지는 맛의 소리들

어머니 얼굴 비추고 되돌아오는 말씀의 골목길
건강, 행복, 사랑, 소원 성취
어머니의 비난수하는 소리

열 달 동안 채워 온 꿈
다시 비워내는 텅 빈
비어서 세상 환한 보름달 소나타 소리

# 빈 그네


썰물처럼 집을 떠나간 자식들이
문득, 아침 햇살에 떠오르면

주렁주렁 업고 안고 달리던 세월
독수리처럼 날던 그때를 그린다

이제 겨우 짐을 벗었다지만
닳아져 더 무거워진 어깨
다시는 짐을 질 수 없는 수수깡 노인
놀이터 빈 그네처럼 쓸쓸하다

서로의 가슴에 꽂아 놓은 무언의 깃발
좁은 등뒤로 펄럭일 뿐
하루가 짧아진 노인의 빈 그네가
노을빛에 아른거린다

## 고향 나무

내가 태어나던 해
할아버지가 심어 놓았다는
감나무, 대추나무
서로 하얗게 늙어
뒤뜰에 허리 구부리고 서 있다

감, 대추, 아무 열매도 없이
여름날 서늘한 그늘조차
드리우지 못하여
이제 다 베어내고
새 나무를 심는다는데,

감꽃 필 때면
동네 아이들 모여
감꽃 목걸이 만들며
늙은 감나무 속에 할아버지 계시고
대추나무 가시에도 할아버지
침鍼 들어 들어 있다고 믿었는데,

이제 할아버지 나무들 쓰러지면
아기 전설들은 모두 다
어디에 집을 짓나……

스러져 가는 마을 어귀에
길 잃은 까치 한 마리
전깃줄 하늘을 맴돌고 있다

# 대들보 무너지는 소리

1

부모님 백일기도, 백팔 정성 끝에
우리 집안 대표로 태어나
재벌회사 회장 한번 못해 보고
병주머니 되어 너덜너덜 누워 있네

머리맡엔 알약봉지 수북수북
몸에 든 병치레는 모두 종손 집안 내력
옹색한 신혼 때도 군식구들 나락 들락

아들 셋 둔 뒤 아내는 제사상 차 버리고
십수 년 홀로 버티지만
누구 하나 나서서
장남딱지 떼어 줄 눈치 없다

2

열 가지도 넘는 병을 안고
시장 봐다 제사 모시느라

훠이- 훠이- 허리 꺾어지네

오늘밤 제사상 침묵 속
조상님들 향내에
온 집안 대들보 무너지는 소리

고향 산마루
허리 굽은 소나무 한 그루
홀로 비바람 가리고 서 있다

선산 지키고 서 있다

# 장미여, 백합이여!
— 혜진·준에게

1
부케 꽃 송이 송이
물결치는 단상 위에서
신랑, 신부의 성혼이 공표되다

"아이를 많이, 적어도 셋은 낳아 달라"는
간곡한 주례사도 끝나고

2
백합과 장미를 포개 놓은 신부
얼음조각 미끈한 신랑

후배들의 축가가 팡파르 울려 퍼지고
하얀 촛불들이 가늘게 떨리더니

3
얼마나 비바람치는 세상
어떤 꽃이 피고 열매를 맺을 것인가

화가의 눈과 시인의 가슴으로
사랑해요 영원히! 둘이 함께 영원히!
하객들의 고요한 박수 소리가 메아리친다

# 하늘을 보면

하늘을 보면
3층집 옥상에서 하늘을 보면
새는 머리 위로 날고
구름은 하늘 멀리 떠 흐른다

눈 아래로는
고압선이 팽팽히 뻗어가고
전류는 세상 모든 것들을 다 녹일 듯이
끓는 주먹을 휘두르며 흐르는데

수천 볼트로 타는 열꽃들이
'돈', '돈' 소리를 내지르며
사이버 허공을 자맥질하고
전깃줄이 팽팽할수록
왠지 삶의 힘줄은 졸아만든다

세상의 열탕 속에서
다 함께 숨 막혀 하다가

사슴의 눈으로 하늘을 보면
별은 총총, 아스라이 머언
새벽을 또다시 손짓한다

# 제2부

# 여자의 일생

## 그 여자의 일생을


반쯤 접힌 그녀의 한 생애가
병원 침대에 힘없이 걸터앉아 있네

검은 머리채 늘어뜨리고
가는 눈 뜬 채 어둔 길 걸으며
이제 어디로 그냥 돌아가려나
그녀의 물기 마른
험한 세월의 병마

저 몸 심장을 다시 작동시키고 싶어
쌀눈을 씻고 찌든 때 검은 옷을
박박 문질러 다시 살려내고 싶어

병실 흔들리는 유리창 너머
앙상한 시간의 가랑잎 뼈대
언제 되돌려 받으려나
목숨의 여윈 뿌리 한 가닥 허리 굽혀
하늘 향해 경배하고 있다

## 길 위에서 길 찾기

하늘 올려다보다 목이 길어진 한세상
먼 산 바라보며 가늘어진 눈과 귀
내 곁에 내가 지쳐 잠들지라도
떠난 자의 어둠 밝히려 길을 묻고 있네

자궁문 열리면서부터 누구나 고아이듯
다 버리고 나 혼자 가는 길
허망한 그림자 차갑게 스쳐가네
언젠가는 끊어지고 말 우리들

인연의 밧줄들
오늘도 바람의 손을 놓지 못하고
구름처럼 철새처럼
가지 않은 길을 헤매며 찾고 있네

## 소금 바다

시나브로 쉬어 버린 밥처럼
쓸모없는 몸이 되어 가는 연륜이
여름 밤 밥상 보자기에 덮여 있네

풋고추 당찼던 삼십대
세상을 편력하는 동안
먹구름도 안간힘으로 버텼고

불혹의 언덕을 넘어서며
세상사 밝혀 갈
조무래기 자식들 건사하랴
허리 굽어 가는 부모님 모시랴

날마다 땀에 젖은 나이들을
적립해 가다 보니
쉰 살 사구砂丘에 당도했네

더부룩한 나이 부담스러워도

마음길 다 내려놓고 사막길 가노라면
별빛 쏟아지는 그 여름밤
혼자서 소금 바다에 닿으리라

## 그 여자 몇 가마의 쌀 씻어 밥을 지어 왔을까

장독 뚜껑 몇 천 번 여닫으면서 그 여자
목구멍에서 창자 끝까지 몇 만 킬로 걸어왔을까
검은 옷 빨고 삶아 흰 옷 다듬질하면서
배내옷에서 수의壽衣까지 몇 만 번 갈아입고 살아왔을까
그 여자 몇 가마의 쌀 씻어 밥을 지어 왔을까

## 인생 저축

어디 없나요
인생을 저금해 두는 은행은
꼬박꼬박 붓는 재미로 산다고요
꼬불쳐 둔 쌈짓돈이
사는 힘이라고요

늘어나는 숫자의 날개
남몰래 미소 지으며 키우는 꿈
인생을 맡길 수 있는
저축은행 어디 없나요

요긴하게 써 보지도 못하고
사라져 간 욕망들
누구나 아끼다가 끝내 쓰지 못한
몇 푼은 남겨 두고
눈을 감는다지요

저승 갈 노자 돈만큼은

## 삶을 다림질하며

1
풀 먹여 빳빳한
아버지의 삼베 적삼을
시뻘건 숯불 다리미로
푸-욱 푸-욱 문지르셨다
어머니는

이마에는
송글송글 땀방울이 맺혔다
식구들 구겨진 마음까지
반듯하게 펴시려는가
고집스럽게도 뻣센 삼베 올들을
어머니는 가지런 가지런 펴셨다

2
세월에 떠밀려 온 나는
남편의 구겨진 면바지를 다린다
220볼트 스팀다리미로

구김을 펴고 주름을 잡는다

어깨 펴고 다리 힘 꼿꼿해지라고
세월의 근심, 어제의 말다툼
속을 얼큰히 풀어내라고
얼굴에 패인 주름살도 펴지라고
힘주어 꼭꼭 세월의 굽고 뒤틀린 길 눌러 편다

## 옷을 갈아입으며

출근길 옷을 갈아입는다
매일 아침 입을 옷이 없다고 투덜대며
이 문 저 문 장롱을 여닫는다
빨강, 파랑을 지나 노랑 거쳐 다시 검정으로
마음에 드는 색깔이 아니라고
이리 밀치고 저리 제쳐둔다

(손톱에 피멍이 들도록
밤새워 쉴새없이 옷을 짓던
재봉사 소녀들의 못박인 손을 떠올린다)

캄캄한 밤을 지새우며
그들은 몇 번이나 어둠을 꿰매고 상처를 기워 갔을까
그 시대, 그 옷들은 모두 어디로 갔는가
나는 지금까지 몇 벌이나 그 옷을 입어 왔을까

자유와 평등을 외치던 옷
아픔과 슬픔을 꿰매던 옷

이제 모두 다 유행이 지났다고

실밥 터질 듯 오늘 아침에도 조여드는 옷
맨살이 훤히 들여다보이는 잠옷 같은
날개옷들만 거리를 활보한다

# 신의 선물

날줄 씨줄 촘촘한
세월이 거미줄로 조여 오네
비단 세월의 치마폭에 감겨
천방지축 뛰어다닌 내 나이
빨아도 지워지지 않는 얼룩무늬들
아직도 내 나이를 똑바로 쳐다보지 못하고
늘어가는 숫자에 어깨춤만 내려앉네

주면 주는 대로
염치없이 받아 온 내 심장 고동치던 나이
이제 셀 수 없는 빚을 지고
여름 가고, 어느새 겨울
함박눈만 내려 내려 쌓이네

한낱 이슬로 스러져 갈 나이테
바람처럼 허망한 인연의 스침
머물러 함께하는 지상의 한철
꼭 한 가지, 인생에서 받는

가장 평등한 그러나 두려운
신神의 선물

# 갈바람 대숲을 흔들어
— 바람의 노래 · 1


여름내 땡볕 쏟아져 내리는
시골집 앞마당

맨드라미, 채송화, 아주까리
해바라기 곁에 늙은 감나무

남몰래 차곡차곡 쌓아 둔 정
이파리, 이파리 가슴속에 단풍 들고

소소한 갈바람이 후다닥
뒤뜰, 대숲을 뒤흔드니

님, 그림자 서리서리
장독대 하늘을 비질한다

## 구름의 둥지
— 바람의 노래 · 2


은행나무 더부살이 덩굴손
온몸을 늘여
하늘 끝으로 뻗어 간다

앞다투어 몸을 비비며 꼬여 가던
덩굴들, 이제 서로 몸을 껴안은
하늘 바래기

스산한 세월을 어루만지며
허공 속으로
빈손을 노 저어 간다

춤추는 바람아
깊은 밤
노숙하는 어린 새들을 위해
내 품속에 잠들려무나

산새 새끼들의 곤한 꿈속
푸른 하늘 구름의 둥지처럼

## 화염산 火焰山



보아도 보아도 보이지 않는 불길

천산산맥 남쪽 줄기를 타고
동서로 뻗쳐 활활 불타는 산

비단 향을 긷던
용광로 불길로 타오르던
실크로드의 삶
광야에 흩어져 등걸만 보이네
죽어서도 서西으로 향해 가네

목숨으로 그리던 오아시스
화염산 황토 되어
한 점 회한도 없이
지펴도 지펴도 못다 하는
영겁의 불 타오르네

## 서안西安에서

수수한 양귀비 상像
천하의 미인을 뜯어보며
오늘은, 길손들이
그의 비만을 들춘다

진시황제는
한 줌 흙으로 돋아 있는데
그의 용병들은 우람하게
땅속 수천 년을 살고 있다

능을 오르며 높아가는 계단들
오를수록 무상한 꿈
욕망은 마침내
불로장생不老長生이었던가

티끌의 존재가
우주를 탐하는 몸부림
욕망의 강이 되어
오늘 다시 서안西安 땅을 적시는 듯

## 천산天山, 천지天池


태고太古의 전설로 늙어 버린 산
아득한 백설白雪의 천산天山
몸을 떼어내어
천지天池의 푸른 물결 배를 띄운다

공중 나는 솔개의 눈빛
역사의 짐을 내려놓고
구름처럼 떠간다

설연화雪蓮花 피는 골짜기엔
고슴도치의 못다 한 사랑
눈물 되어 흐르고

굽이굽이 아득한 자갈밭
거센 물살에 떠내려간
신神의 약속들 반짝인다

버거다 봉峰의

얼어붙은 시간들이 녹아 흐르면

죽은 언어들도 저 하늘로

푸짐하게 살아 오르리라

## 찢어지는 시간을 위하여


노인의 눈길이 머문 곳
빈 그네가 보인다
가랑잎 그네 속으로 추락한다

시계 초침처럼
조깅하는 젊은이들의 다리가
충격파를 뿌리며 달려간다

작은 벤치에서 여자가 남자에게
우리 찢어지자 말하자
노인은 싸늘한 조각구름을 본다
구름도 찢어지고 바람도 흩어져 가는데

청운의 꿈 변치 말고
승리의 축배를 들자던 희망의 날들
갈기갈기 뜯어내어 어쩌자고

텅 빈속 어지러워도

두 손 놓지 않는 그네를 보라
세상 경주에 취한 젊음이여!
비틀거리지 않는 사내의 저 두 다리를 보라

화산火山 앞에 묵묵하여라
물방울 모여 바다가 되기까지
찢어지는 시간은 말이 없어라

# 제3부
## 이사도라 덩컨을 위하여

## 노동시장에서


새벽바람 속에서
사람들의 빠른 행진을 바라본다
하루가 왁자하게 열리고

저마다 아픈
생의 가시나무꽃을 피우려고
하루의 품삯에 몸을 던지는
남루한 소리들이 힘차게 떠돈다

사내들은
미지의 평원에서 무지개를 좇지만
빈손 되어 돌아오는 날 허다하다며
긴 한숨을 삼킨다

부지런히
하루를 여는 사람들의 눈빛
떠오르는 햇덩이보다 뜨겁다
동쪽 하늘에 절하며

또 하룻길을 꾸벅꾸벅 걷는 사람들

오늘 하루의 꿈을
놓치지 않으려는 꼭 다문 입술
질경이 행렬을 바라본다

## 이사도라 덩컨을 위하여

천막 속에 모여 사는
마지막 달동네 사람들

주린 마음들을 짓이기고 간 포클레인 소리에
모여 앉아 숨 고르던 평상다리도 박살나고
먼지 뒤집어쓴 강아지, 고양이, 들쥐 떼가
무시로 튀어나와 골목을 노숙자로 헤매고 있다

한 가닥 늘어진 천막 전깃줄에
먼 산 바라보고 있는
추레한 제비 한 마리

허물어진 건물더미에는
허리 끊어지는 가장들의
끙끙 앓는 세상 신음 소리뿐인데

아직도 떠나지 못한 소녀가장 하나
긴 머리칼 나폴대며

아름다운 세상을 꿈꾸는 듯
어질머리 이사도라 덩컨을
줄넘기하고 있다

# 식물인간

평생을 마주 보면서도
손잡지 못한다 가로수처럼
남南 · 북北의 한 울타리 사람들

너와 나
우리 모두는 과거를 잃어버려

오늘도 잃어버리는
식물인간들

## 접붙이기

고욤나무, 감나무로 태어나듯
남남南男과 북녀北女
두 마음 서로 꽃을 피우자

눈뜬 나뭇가지들
헝겊으로 싸매 주며
쌍쌍이 쌍쌍이 손잡고 마음 모아

꽃처럼, 잎처럼 피어나
우리 함께 덕성스런 감나무 되어
까치밥을 남겨 두자

# 기다림의 끝

1
한동안 말이 없다
부둥켜안고 눈물만 흘린다

만나서 춤이라도 출 것 같은데
꺼억꺼억 울고 있다
그리움 피범벅인 하늘과 땅

아픔으로 절여진 장아찌 얼굴
눈물로 간신히 숨 고르는 핏줄 부풀어

죽기 전에 얼굴 한 번 보려던 마음 하나

2
사모곡도, 사랑가도 다 맺지 못하고
누가 갈 길을 막고
그 누가 손길을 뿌리치나

진정 얼굴만 보고, 다시
돌아서야 하는 만남
풍선 터질 것 같은 남북 이산가족 상봉

# 궁금한 아파트

긴 다리 미끈 우람 서 있는 아파트촌
내가 사는 하늘채 1002호
언제나 엘리베이터를 타야 집에 간다

내 방 아래에도 방, 방 위에도 방 똑같은 방방방
방들만 있고 어디에도 나는 없다

세수하고 밥 먹고 공부할 때
쿵쿵 내 머리 위로 쿵쿵, 발바닥 위로 쿵쿵쿵
주말마다 한밤이면 못 박는 음악 소리
좔좔 시냇물 흐르는 소리

내 가슴 위에서 머리 위에서 잠자는 사람들
울타리 없고, 대문 없고, 마당도 없고
이웃도 없고 너도 나도 없는
오직 아파트 오색 불빛만 찬란한 그 속이 궁금하다

## 분수噴水의 꿈


올라가리라 이 몸이 산산이 부서져도
솟구치는 하얀 햇살 꽃 함성!
저 구름 너머 끓는 태양의
흑점에 닿으리라

온몸으로 뻗쳐오르는 얼음 기둥인가
서릿발 가슴 우르르 무너져
쏟아지는 뜨거운 눈물방울들
다시 모이고 흘러 어딘가로 떠나가리라

부르트도록 맨발로 달려 달려
아득한 강물이 되어 흐르리라
삶의 구곡을 굽이굽이 돌아
차디찬 바다의 가슴을
따듯한 강물로 안아 주리라

고된 몸,
온갖 어둔 마음 어루만져 주는

유장한 강이 되어, 강물이 되어
하늘에서 땅 끝까지 흘러가리라

## 낡은 땅 정든 언덕 위에

그늘 짙은 첩첩산중
언제나 햇빛 밝게 드는 양곡陽谷
내 고향 선조들이 뼈 묻은 땅

그곳 산골에 모여 살던 어르신들
지금도 양지바른 산중에 쉬고 있다
추석, 설 명절 때면
사방에서 돌아온 자손들이
그 산으로 줄지어 간다
기럭기럭, 기러기 떼처럼

황금이라도 캐듯이 가꾸던 땅
도시화 바람결에 모두 벌레 먹고
빈집, 헐린 집 사립문에
부고장만 추억처럼 흩날리고 있다

# 하얀 편지

말없이
대문 앞에 떨구어진
하얀 봉투의 사연

겉봉에
그 이름 석 자
단풍잎으로 떠 있네

가지런한 글씨 세월을 적고
그 얼굴 하얀 이를 드러내 웃는데
아들 하나 딸 하나
세상에 유산으로 내려놓고

손자, 손녀 든든히 자랑삼으며
나이 들어 마음이
솜사탕 같던 그 친구

할 일 다 했다고 노을 따라 가 버렸나

……

## 오늘 결론이 무엇인가요

화려한 명함 주고받으며
회의가 시작되었다

하얀 테이블보 위에서
유리잔에 부딪는 크리스탈 언어들
찰랑찰랑 미끄러져 내리는 이국종 말들

'나라 발전, 양성 평등, 인류 평화!'

유리병 가득 찰랑대는
언어의 물고기를 담아내며 우리는
홍조 띤 얼굴로 회의를 마친다

꽃이 되기까지 비바람 언덕 넘고
폭풍우 강 건너 가시 안고 피어난
빨간 장미 한 송이 화병에 갇혀 있다

## 허수아비


혼들리는 몸이 누군들 무서워하랴

아무도 두려워하지 않는다
그 어떤 것도 무서워하지 않는다

황금빛 들녘을 휘저으며
두 손 내저으며 호령할 뿐

가짜 수염을 더는
수염이라 말하지 않으련다
참새들도 흘깃흘깃 엿보지만

양심이란 누더기
누덕누덕 기워 입은 팔 다리

죄의 법을 다스리는
그 말씀을 외면하고
빈 하늘을 허랑허랑 혼들다가
이제, 꿈속에서 새들을 쫓는다

## 따뜻한 마을버스

털털거리며 초록 버스가 휘청, 바람 불다 떠난다
헐레벌떡 달려오며 손짓하는
샐러리맨 하나 백미러에서 멀어져 간다

하얀 머리 할아버지 마을버스
마을 언덕길을 숨차게 넘어 오를 때면
곱사등 되어 숨을 헐떡거린다

단단히 인생의 핸들을 잡고
마을을 휘돈다
이 마을에서 저 마을까지 하루를 끌고
목적지를 돌고 돌아 다시 나온다

날마다 세상을 돌고 도는 마을버스
마을 사람들은 그 누구도 시작과 끝을 본 적이 없다

한평생이라야 마을 한 바퀴 돌아오는 것쯤 될까
정거장 옆 가로수 꼭대기 까치집을 지나

함지박 고개를 넘어
서래마을 작은 나의 구름 둥지에 이르면

평생을 돌고 돌며 가족들을 지켜 온
할아버지 마을버스의 고단한 인생길이 보인다
오늘따라 마을버스의 하루가 슬프도록 따뜻하다

# 제4부
# 나의 무화과꽃을 위하여

## 채송화 편지

갈라진 길바닥 틈새에
수줍은 꽃 한 송이
배시시 웃고 있네

독한 시멘트 길바닥 틈새에
여린 뿌리를 내리고
흙바람 속에서 내미는
앙증맞은 손가락 하나

코끼리 상처를 끌어안고
가슴엔 무수한 밤하늘 별을 심은
네 초록 눈길이
품속처럼 따사롭구나

홀로 무명無明 세상을 머리에 이고서
조찰히 몸 흔들리는
네 웃음꽃 송이를 적어 본다

# 선인장 연가

소름이 돋는 온몸에
망울망울 꽃눈을 틔운다

파아랗게 웅크리고 서서
한 방울 물로 불씨를 일구려는
오랜 기다림……

저 깊은 어둠으로부터
허기진 날들 아득히 길어져
한층 더
날카롭게 돋아 오른
창 끝,

마침내
맺히는 핏방울
사막 폭염을 이겨낸
목마른 꽃, 눈물 한 방울

누구도 살아서 떠나지 못할
이 불모의 도시에서
생명의 절정 파르르
꽃망울을 틔운다

# 평화의 영토
— 민들레 통신 · 1


낙하산 부대의 용사들처럼
도로변, 비탈길 위
아무리 척박한 땅에 내려도
푸른 꿈을 접지 않는다

씨앗이 여물수록 가벼워져
공중을 유영하며 나누어 주는
구름의 방랑자
부지런히 날며 꿈을 피운다

세상 어느 험한 곳에 있어도
지혜의 꽃을 피워내는 천사들
모퉁이 거친 땅도 빛내는
힘찬 생명의 아기 손들

순수해도 나약하지 않고
남루해도 초라하지 않은
그대는 온 누리 평화의 영토를 일군다

## 동죽冬竹


겨울바람이 얼어붙을수록
살은 얼다 터지지만
산화된 밑동에서 고개 내미는 움
새해의 죽순들은
그 눈망울 오지게 푸르르다

고난의 마디마다
인고에 다져진 허공 속의
죽해심허竹解心虛……

침묵으로 씻어내는 날렵한 혀끝
누구의 번뇌인가
지나온 세월들 처마 끝에 걸려 있다

빈 하늘 청빙淸氷의 별
선비, 벼랑 끝에 서서
새봄 예감을 듣는다

쪽빛 하늘 땅에
청죽을 치며
푸르게 짙푸르게 가꾼다
온 세상을

## 난蘭에게

난蘭 한 촉
머언 길,
쟁기날에 매달려 가던
풀씨 한 톨

상처 깊은 꼭두에
청초한 미소를 여미고
수줍어 넘어질 듯
고개 숙이고 있네

단장의 일념一念으로
이슬 엮어
한 잎, 새벽을 기다리며

날 빛 세상에 여물어
꿈으로 피네
영롱한 이슬의 탄주彈奏로

## 낙화落花에게

화사하게 잉잉대는 벚꽃 숲

연분홍 피었는가 했는데

다시 보니 백발

난분분 흩날리네

터질 듯한 애원성哀怨聲,

끝내 그대를 붙잡지 못했는가

필 대로 피어도, 가는 곳을 모르네

# 변신

장마 뒤의 수풀을 보라
벌 떼처럼 잉잉대는 저 숲의 소리

온 세상 푸른 이파리들을 삼키며
흠칫흠칫 늘어나는 처절한 몸뚱이들
애벌레들의
나비되어 날아가는
찬란한 변신을 보아라

온갖 목숨이 꿈틀대며 춤출 때
비로소 생명으로 꽃피나니

살아 있음은 탈바꿈 속의 몰입
순간순간 무딘 칼날을 벼리며
묵은 존재의 껍질을 벗겨낸다

# 안개꽃 연가

장미의 허리를 꼬옥 껴안는다 안개꽃

결코 짝이 될 수 없다고 믿었던
정열과 순수, 저 모순의 슬픈 빛깔

억센 가시를 품고 있어도
정결한 흰 몸을 기꺼이 품어 안는다

뛰는 심장에 가시가 박혀도
한 잎 한 잎 떨어지는
물시계의 새빨간 꽃잎을 본다

면사포 얼굴 가리고
안개꽃 떨며
온몸으로 장미입술 맞춘다

# 생명 비나리

녹십자 병원 낡은 침대에서
가난한 시간으로 연명하는 동안
휴지처럼 구겨진 여인

유일한 핏줄이라고
밤마다 병상을 지키는 핏줄이라고
파다한 칭찬을 탈곡하는

청상과부 보쌈댁 그 여인은
양파 껍질 벗기우듯이
어둠 속 알몸 허망하게 벗겨져
낳은 자식 하나……

목소리도 실어가고
피눈물도 뺏어가고
검은 머리카락에 단풍만 들어
병실 창유리 노을로 지네

어쨌거나 씨 하나 받은 것
영험하게 길러 달라고
천지신명께 비나리 비나리
눈물 비나리하네

# 봄 엽서
— 민들레 통신 · 2

철길 옆에 피어나는 노오란 봄 엽서
땅을 흔드는 바퀴 소리도
꽃잎을 떨구지는 못 하네

남보다 화려한 빛깔이기를 바라거나
남보다 우아한 정원에 피어나기를
소망한 적 없지만

소중한 향기를 세상과 나누기 위해
쉬지 않고 기도를 하네

새봄 천지에 노랑꽃 화안히 피워
한 뼘의 땅도 축복하는
천사들의 눈꽃 엽서

풀숲에 숨어 핀 가난한 우주가
눈꽃 꽃씨처럼 날고 날아서
온 세상 멀리 희망을 뿌려 주네

## 과꽃

하마 보일까
보랏빛 속살로 숨어 있네

흙바람 몰아치는
어린 날 언덕에 서서

너는 분홍 얼굴로
누구를 기다리는가

보조개 물들어가는
서녘 하늘가

하얀 입술로 웃음짓는
내 유년의 꽃

## 봄쑥향 물씬

지하철 계단 끝에
할머니 화석 하나 앉아 있다

소나무 등피 같은 할머니 손등
자잘한 봄 햇살이 일궈 놓은 주름살들은
이 땅, 가꾸어 갈 자식들의
눈물웃음꽃일까 웃음눈물꽃일까

"중국산 아니여!
내가 직접 따 온겨어!"

덥석 집어든 고사리 한 줌에서
고단하게 살아온 외길 인생을 본다

할머니, 할머니 굽은 허리에서
봄쑥 향기가 물씬 풍겨 나온다

# 낙타풀

명사산鳴砂山 기슭
모래바람 휘몰아치는데
푸른 생명들이 눈뜨고
세상을 내다본다

부활을 기다리는 사막
모래바람 그치지 않아도
뜨거운 바람 마시며
푸르게 일어서는 풀

제 피를 흘려서
푸른 잎을 피워낸
사막의 전령사인가

가슴에 박힌 가시를 뽑으며
한 모금의 은혜를 기다리지만
모래알을 달구는 땅 저편에
멀어져 가는 낙타의 발소리
꿈속처럼 아련하다

# 나의 무화과꽃


강물로도 넘을 수 없는 시간의 한강다리를
나는 아침, 저녁, 매일 두 차례
적지처럼 넘어갔다 고향처럼 돌아온다

미친 듯이 자동차 페달을 밟아도
언제나 시간을 앞지르지 못하는
내 평생 느림보 마라톤

멈출 수 없는 그리움
강물을 휘저으면
비로소 심장 뛰는 소리가 들린다

나란히 시간과 동행할 수밖에 없는
인생 꽃 나의
무화과꽃

# 묵은지에 관한 한 노트

1

어둡고 답답한 질항아리 폭풍우 속에서
뒤척이며 지새운 날밤들
나를 죽이고 또 죽여야 살아날 수 있음을
날은 저무는데 짙게 물드는 노을빛 속에서
어렴풋 무언가를 깨닫게 되었지

참고 견디는 일 말고 무엇이 더 있으랴
보고 듣지도 못 하고 억누르는 무게를 견디며
세상의 떫은 맛, 쓴맛, 짠맛, 신맛을 두루 달래고
어르면서 젊음을 삭이곤 하였지

나는 아무 때깔도 없는 김치가 되었네
그런데도 사람들은 날
느끼하지 않고
깊은 맛 시원한 맛 어우러진
나의 속살이 초겨울 배추밭처럼 싱싱하다 하네

2
톡 쏘는 양념 맛도 없이,
다만 세월을 삭히며 몸뚱어리 푸욱 묵혔을 뿐
폭포와 천길 낭떠러지 계곡을 지나
세상 맛 담아내고 소금으로 빚어낸 절정의 맛
하얀 쌀밥에 터억 걸쳐 먹는 알싸시원한 맛
막힌 속가슴 퍼엉 뚫리네

세상 분노를 삭힐수록 깊은 맛 우러나는가
늙어도 늙지 않는, 묵은지 같은 사람
썩지 않고 그 맛 그대로 홀로 깊어만 가는
묵은지 고등어 찜, 삼겹살에
모두 하나로 어울린다

펄펄 뛰는 풋내기 교만함, 역겨운 비린내를 씻어 준다
너무 먹어 비만한 삼겹살 기름때를 빼 주고
기름기, 비린내 다 녹여내서

구세대 신세대 어울리는 오케스트라 맛을 낸다
짜지도 싱겁지도 않은 무언의 내 목숨의 마지막 맛

## 제5부
## 봄 햇살로 마음을 닦다

# 미장원 쇼윈도 풍경

머리카락 자라듯이
내 시상詩想도 그렇게 부지런히 자란다면
자란자란 머리카락 자르듯이
때묻은 삶을 잘라낸다면
남루한 내 인생에도 새 움이 돋을까 몰라

미장원 쇼윈도 밖에서는
인부들이 우르르
플라타너스의 긴 겨울팔뚝들을
싹둑싹둑 잘라내고 있다

# 마음 비우기

마음이 어디에 있는지도 모르는데
마음을 비웠다 하네

비웠다는 말 한마디
무슨 의미를 담고 있기에
재벌 회장도, 정치가도, 예술가도
지체 높으신 어르신들 모두

"나 이제 마음을 비웠어"

툭하면 던지기 일쑤라네
어디서 왔다가 어디로 가는지도 모르면서
지하철 노선 실꾸리 같은 마음길을
갑자기 비울 수 있을까

마음이 어디에 어떻게 살고 있는지도 모르는데
모두들 없는 마음을 비웠다 하네

# 봄 햇살로 마음을 닦다

1
아기자기 풀꽃들이 머리를 맞대고
사람들이 줄지어 오내리는 작은 산길

부지런히 나무들 따라 오르던 발길이
깜짝 멈추어 섰다
울퉁불퉁 산길이 갑자기
환하게 빛난다

빗살무늬 또렷한 황톳길 위에
내 무거운 발자국 찍힐까 저어하는데
가랑잎 하나 또또르르 앞장선다
누구일까
이렇게 예쁘게 새벽길을 쓸어 놓은 그 사람은

2
그 사람 마음
봄 햇살처럼 따스하고

백목련처럼 맑게 피어 있는가

매일 닦고 씻어야 하는 우리네 땀방울 일상日常
얼굴만 말고 마음을 맑게 씻어내는 사람
세상 밝음도 그 마음거울에서 피어나는 한 송이 꽃
인 것을

새로 돋아나는 향긋한 마음길을 보면서
오늘은 산책길이 어린 날 소풍처럼 마냥 즐겁다

# 하늘을 보다가

하늘을 올려보다가
문득, 쨍 울리는 금속성
마음의 운판 소리를 들었다

왜 그리도 높아졌냐고
멍청하게 우러러보며
뜬금없이 밀려드는
억울한 마음 같은
밀물의 난타하는 종소리를 들었다

오랜 세월 너와의 꿈
그리도 푸르렀기에
폭탄처럼 우수수 떨어지는
별이 될 줄, 차마 아지 못했다

나무에 걸린 연인가
나는 오르지도, 내리지도 못한 채
언제까지 바람처럼 떨고만 있는가

높은 하늘가
작은 잎새로 살아남아
영혼의 씨알을 떨구고 있네

# 미운 정, 고운 정

사진첩에 펼쳐진 이야기마당
빛 바래고 희미해진
소중한 인연들 말없이 몸을 묶고 있네

나는 너의 거울
너는 또 다른 나의 거울
손잡고 서로 노크하면

미운 정,
고운 정이 함께 눈부시고
이야기 줄기 줄기 묵은 정을 풀려나

# 빨랫줄에 걸린 봄

담장을 뛰어넘은
봄 햇살로 삶아 빤
옥양목 홑청 속으로
너울너울 꽃샘바람 기어들면
빨랫줄은 너울너울
봄 신명이 도진다

목련꽃은 목련으로
빨랫줄을 타다가
새하얀 눈꽃으로
터질 듯 부풀어 오르고

에헤이야 빨랫줄에
집집마다 이헤이요
댕기 댕기 봄바람은
가슴마다 불이 붙고
버들개지 우쭐우쭐
아지랑이 아질아질
봄 나무를 타오른다

# 못

십자가를 떠받치던 못이
녹슨 만큼
나의 세월도 붉게 녹이 슬었다

녹이 스는 줄 알면서도
뽑아내지 못한 채
부표처럼 살아온 세월
망각은 가사상태假死狀態……

어설프게 뽑아낸
못 구멍 언저리
녹슬어 휘어진 허리 사이로
인고의 바람이 뼈 시리다

못이 빠져나가듯
사람 하나 빠져나가고
그 빈자리로 회오리치는 썰물
나무 십자가를 지고 강물이 흘러간다

# 그리움에게

이사하던 날 못을 빼다가
녹물 붉은 구멍을 보았다

망치로 두드려 박은 굵은 못
그림 한 폭을 온몸으로 떠받치며
십여 년을 살아 온 못대가리가
구멍을 낸 채 순식간에 사라졌다

굽어진 허리의 못이 사라지자
상처 난 내 가슴에 살아나는 붉은 그리움
등 굽어 휘어진 못 틈 사이로
시린 바람이 등골을 때린다

새 살림을 이루려던 굳센 못질
내 가슴에 못으로 박혀 있던 사람 하나
벽 뒷면 어딘가로 떠나가고
나도 녹슬어 휘어지는 세월의 못이었네

십자가 무게의 그림을 묵묵히 지고 견디어 온

내 가슴속 깊은 못 자국을 보며

녹슨 나, 허리 굽은 나를 어루만진다

## 나 떠나기 전에

굵은 못을 박는다
나만의 방에
십자가에 못 박히신
주님의 마른 뼈를 걸기 위해

내리치는 망치에
항거하는 못의 날카로운 비명!
벽을 튕겨 떨어져 나간다

나를 위해 못 박히신
예수님의 형국을 알면서도
어느 메마른 가슴 적셔
나 언제 한 송이 꽃이라도
거친 땅에 심어 준 적 있었던가

이 세상 어둠 속
소박한 불빛 한 줌이라도 밝혀
세상에 작은 등불 하나 걸어두고 싶다

# 아침 놀이터에서

새벽 꼬부랑 할머니의 여윈 손을 잡고
오늘도 새로 시작하는 풍 맞은 할아버지의 걸음마 연습

광목필 같은 할아버지의 휘어진 한 생애가
바다 눈물 같은 세월이 빈 그네로 흔들린다

푸성귀 잎새 눈빛으로 서로들 인사하며
세상이 또, 고마운 하루를 연둣빛 햇살로 연다

# 나는 길치다

나는 길치다
여러 번 갔던 길도 나서기만 하면 헤매기 일쑤다
오늘은 어느 문학지 100호 기념행사에 가야 했다

"지하철 종로 5가에서 내려 1번 출구로 나오셔서 약 10분쯤 오시면 돼요"

자신감에 차서 계단을 올라와 보니 위쪽으로 10분인지 아래쪽으로 10분인지 통 구분이 안 된다 좌판에 화려한 넥타이를 줄 세워 놓고 먼지를 털고 있는 남자에게 조심스레 물었다 "여그서 내려가다가 사거리가 나오면 건너지 말고 거그서 우회전해서 내려가면 높은 빌딩 위에 써져 있어요"

저 높은 빌딩의 반짝이는 불빛은 어느 곳, 누구를 비추고 있을까 가로수 낙엽이 발목에 차오르는 길, 바람이 얼굴을 휘감더니 머리칼을 흩날린다 대학입시를 앞두고 길이 안 보인다고 울상 짓던 막내아이 죄 없는 얼굴처럼

오늘도 나는 종로 5가에서 길을 잃고 장승으로 서 있다

작품 해설

# 부활과 신생의 시학

김 재 홍

(문학평론가 · 현대시박물관장)

## 1. 머리말: 타고 남은 재를 다시 기름 삼아

> 장독 뚜껑 몇천 번 여닫으면서 그 여자
> 목구멍에서 창자 끝까지 몇만 킬로 걸어 왔을까
> 검은 옷 빨고 삶아 흰 옷 다듬질하면서
> 배내옷에서 수의壽衣까지 몇만 번 갈아입고 살아 왔을까
> 그 여자 몇 가마의 쌀 씻어 밥을 지어 왔을까
> ―「그 여자 몇 가마의 쌀 씻어 밥을 지어 왔을까」 전문

구이람의 시사랑과 창작의 이력은 짧지 않다. 그가 시창작과 공부에 뜻을 둔 것은 수십 년 전 숙대 국문과 재학 시절 그

이전부터 이미 시작됐기 때문이다. 그러나 그가 구체적으로 시창작을 시작하고 시단에 얼굴을 내민 것은 10여 년 정도를 헤아린다. 그는 오랫동안 해외에 머물면서 공부하고 여러 가지 생애사적인 절망과 시련을 겪어 왔기에 시작활동을 활발히 전개해 오지 못한 것이다.

그러면서 다소 늦게 대학에 자리 잡았고, 그로 인해 또 시 연구 및 강의 그리고 학내외 사회 봉사활동에 열중해 왔기에 시작활동과는 다소 거리를 둘 수밖에 없었던 것이 사실이다.

그러던 것이 근년에 접어들어 새로운 생의 전환점을 마련하게 되고, 스스로의 삶에 대한 깊은 반성적 성찰의 계기를 갖게 됨으로써 다시 창작에 몰두하게 되었고 그 연장선상에서 재등단을 하게 되어 본격적인 시창작의 길로 접어들게 된 것이다. 그야말로 타고 남은 재가 기름이 되어 제2의 인생이 시작되고, 시인으로서도 새로운 열정을 불사르고 있는 형국이라고 하겠다.

따라서 오늘날 구이람에게 있어 시를 쓴다고 하는 것은 제2의 인생이 새로 시작되는 확실한 징표가 될 것이 분명하다. 그것은 바로 살아 있음의 분명한 존재 증명이고 자신의 참 모습을 올바로 깊이 있게 알고자 하는 노력이면서 동시에 실존의 온갖 고뇌와 절망을 이겨내기 위한 몸부림에 해당한다. 나아가서 그것은 정신의 고양과 구원을 향해 나아가려는 필사적인 노력이고, 그를 통해 삶의 의미와 보람 그리고 참가치를 발견하고 실현해 나아가려는 정신의 격투를 뜻한다고 하겠다.

이 점에서 새 출발을 다짐하면서 펴내는 그를 격려하는 뜻에서 그 시세계를 살펴보기로 한다.

## 2. 배내옷과 풀잎, 몽당연필 시론을 위하여

구이람의 시는 배내옷과 풀잎 이슬, 그리고 몽당연필로부터 시작된다. 그의 시정이 그만큼 순수·소박하며 동심·시심을 바탕으로 하여 시가 전개되고 있다는 것을 말해 준다고 하겠다.

> 언제나 장롱 속을 깊이 꿈꾸고 있다
> 배냇저고리, 엄마를 품어 안고 산다
>
> 봉숭아 꽃물 번지는 아득한 그리움에
> 자장자장 젖내음 피어오르는 그 솜옷
>
> 꽃답게 자라나거라! 여장부로 크거라!
> 아롱아롱 스며나는 어머니의 숨결 아려온다
> ―「배내옷」전문

> 이국 만리, 낯선 땅에서
> 자장자장 자장가 소리
> 꿈길 밟고 다가오는 엄마의 숨결
>
> 한 땀 한 땀 소망을 꿰매 넣은
> 올올이 여문 세월, 색동저고리

세상을 고운 눈으로 보게 하고
아이의 엄마 되게 하였지

(어머님, 치마폭은 안온한 세상)

─「색동저고리」부분

시집에는 아가와 엄마라고 하는 원형심상이 고요하게 여울지고 있음을 볼 수 있다. 배냇저고리나 색동저고리라는 유년 소재적 제재들이 단적으로 그러한 동심 또는 원형심상에서 그의 시가 싹트고 자라나고 있음을 말해 주는 것이 된다고 하겠다. 시어 또한 '꿈/꽃물/젖내음/솜옷/숨결' 등과 같이 아늑한 아가와 엄마의 모성공간을 바탕으로 하여 짜여지고 있음을 알 수 있게 해준다.

누가 시심을 동심이고 진심이라고 말했던가? 시에서 맑고 순수함으로서의 동심과 진실하고 깨끗한 마음으로서의 진심이야말로 시의 정수이자 생명이라는 뜻이 아니겠는가. 이처럼 구이람의 시가 동심과 진심으로 전개되고 있다는 사실은 그의 시가 근본적으로 생명사랑의 마음과 사랑의 철학에 바탕을 두고 있다는 점을 의미한다고 할 것이다.

그러기에 이러한 시심과 시정은 시인으로 하여금 시세계를 단순·소박한 시상과 시어들을 취택하게 하고 나아가서 청정한 정신세계를 지향하게 함으로써 개성적인 영역을 개척해 나아가게 해준다.

나에게 꿈이 있다면

세련미 모르는
수수한 한 포기 풀잎이고 싶다

그 풀밭에 누워
하늘 우러르다 높이 날아가는
한 떨기 이슬이고 싶다

나를 둘러싼 겉과 속
모두 벗고 떠나가는
한 점 흰 구름이고 싶다

내 꿈속 빈 항아리를 채울 때
또다시 푸르게 살아나는
그저 막사발 시 한 편이고 싶다

―「꿈을 꾸다」 전문

'풀잎/이슬/흰 구름/막사발' 등 지나치리만큼 소박한 심상의 이 시는 요즘과 같이 탐욕과 성냄, 어리석음의 삼독에 빠지고 원망과 애착, 집착 등 삼착에 매달려 허우적거리며 살아가는 '오늘·우리'의 때묻고 기름진 삶에 반성을 요구하는 것이 아닐 수 없다. 꿈속 빈 항아리를 그저 푸르게 채울 수 있는 풀잎 하늘, 막사발 시 한 편이고 싶다는 꿈이야말로 탐욕과 소유의 길이 아니라 존재와 지혜로서 삶의 길을 살아가고 싶다는 고요한 갈망이면서 동시에 아름다운 축복이 아닐 수 없다는 뜻이다.

여기에서 시인의 몽당연필 시론이 전개된다. 사실 그저 하루하루 일기를 쓸 수 있고, 소박한 꿈 하나 그려갈 수 있는 몽당연필 하나면 충족되는 생의 욕망이야말로 세상에서 가장 죄 없는 맑고 순수한 생명의 꿈 그것이 아니겠는가.

> 고사리 손 꼭꼭 눌러
> 몽당연필 일기를 쓴다
>
> 열 살 난 아이의 하루분
> 놀이들이 일기장 속에 쌓이고
> 연필은 하루만큼 제 몸을 덜어낸다
>
> 고단한 하루를 쓰고 또 지우고
> 풀고 또 풀어내는
> 복습과 예습을 되풀이한다
>
> 닳아진 제 몸을 스스로는 보지 못하고
> 자꾸 더 작아져 가는 몸뚱이로
> 신바람 신바람 그려내는 작품들
> 아이는 저 몽당연필로
> 세상을 얼마나 더 가질 수 있을까
>
> 삶이란 어차피 닳아가는 연습인 걸
> 연필처럼 제 몸 덜어내며 살아가야지
> 늙어도 부러지지 않는 연필처럼 그렇게
> ―「몽당연필처럼」 전문

고사리 손으로 꼭꼭 눌러 쓴 몽당연필 일기, 하루분 놀이와 꿈을 그릴 수 있을 뿐인 몽당연필이란 바로 단순, 소박, 검소한 삶의 꿈이며 맑고 투명한 희망의 세계가 아니겠는가 말이다. 그러면서도 연필이 꼭 그만큼의 하루를, 삶의 무게와 질곡을 덜어내면서 가벼워지는 것이 아니겠는가라는 뜻이다. 실상 몽당연필 하나로, 자꾸만 작아져 가는 몸뚱이 하나로 세상을 얼마나 더 욕심껏 가질 수 있을 것인가?

바로 여기에서 몽당연필은 닳아가는 삶으로서 인생의 상징이자, 비워져만 가는 삶으로서 생의 환유가 아닐 수 없다.

그러기에 "삶이란 어차피 닳아가는 연습인 걸/ 연필처럼 제 몸 덜어내며 살아가야지"라는 비움의 시학, 가벼움의 시학으로서 단순, 소박, 검소의 생철학이 펼쳐지게 된다. 몽당연필 시론은 그대로 몽당연필로서 생의 범주를 또는 생철학을 지향해 가게 된다고 하겠다. 평범, 단순, 소박함 속에 생에 관한 무게 있는 사색과 깊은 명상의 세계를 탐구하고자 하는 데서 구이람 시의 출발점이 놓여진다는 뜻이다.

## 3. 비관적 생의 인식과 인생론 탐구

따라서 구이람의 시편들은 대부분의 경우 살아가는 문제, 즉 인생론을 바탕으로 하여 전개된다. 육신을 지니고 살아갈 수밖에 없는 실존적 존재로서 먹고 살기 위해 벌여야 하는 온갖 생존문제와 갈등 행위를 지속적으로 탐구하고 있는 것이다.

새벽바람 속에서
사람들의 빠른 행진을 바라본다
하루가 와자하게 열리고

저마다 아픈
생의 가시나무꽃을 피우려고
하루의 품삯에 몸을 던지는
남루한 소리들이 힘차게 떠돈다

사내들은
미지의 평원에서 무지개를 좇지만
빈손 되어 돌아오는 날 허다하다며
긴 한숨을 삼킨다

부지런히
하루를 여는 사람들의 눈빛
떠오르는 햇덩이보다 뜨겁다
동쪽 하늘에 절하며
또 하룻길을 꾸벅꾸벅 걷는 사람들

오늘 하루의 꿈을
놓치지 않으려는 꼭 다문 입술
질경이 행렬을 바라본다

—「노동시장에서」 전문

천막 속에 모여 사는
마지막 달동네 사람들
주린 마음들을 짓이기고 간 포클레인 소리에

모여 앉아 숨 고르던 평상다리도 박살나고
　　먼지 뒤집어쓴 강아지, 고양이, 들쥐 떼가
　　무시로 튀어나와 골목을 노숙자로 헤매고 있다

　　한 가닥 늘어진 천막 전깃줄에
　　먼 산 바라보고 있는
　　추레한 제비 한 마리

　　허물어진 건물더미에는
　　허리 끊어지는 가장들의
　　끙끙 앓는 세상 신음 소리뿐인데

　　아직도 떠나지 못한 소녀가장 하나
　　긴 머리칼 나폴대며
　　아름다운 세상을 꿈꾸는 듯
　　어질머리 이사도라 덩컨을
　　줄넘기하고 있다
　　　　　　　　　　　─「이사도라 덩컨을 위하여」 전문

　먼저 앞의 시는 삶을 하나의 노동시장의 풍경으로 묘파한다. 사람들은 "저마다 아픈/ 생의 가시나무꽃을 피우려고/ 하루의 품삯에 몸을 던지는" 모습인 것이다. 그러면서도 "미지의 평원에서 무지개를 좇지만/ 빈손 되어 돌아오는 날 허다하다며/ 긴 한숨을 삼"키는 그런 고달프고 허전한 일상의 반복 속을 걸어가는 모습에 해당한다. 그렇지만 "부지런히/ 하루를 여는 사람들의 눈빛/ 떠오르는 햇덩이보다 뜨겁다"와 같이 좌절 속에서도 열정을 피워 올리면서 "동쪽 하늘에 절하며/ 또 하룻길을 꾸벅꾸벅 걷는 사람들"처럼 앞날을 향해 걸어 나아가고 있는 것이다.

무엇보다도 "오늘 하루의 꿈을/ 놓치지 않으려는 꼭 다문 입술/ 질경이 행렬을 바라본다"라는 결구에서 보듯이 슬픔 속에서 힘을 발견하고, 절망 속에서 희망을 향해 나아가려는 힘찬 꿈으로의 생명력을 살려 나아가고자 하는 모습이다. 특히 "질경이 행렬"이란 시어 속에는 고달픈 현실과 어두운 생의 온갖 고난과 시련을 극복하면서 생명을 꽃피우고 싶다는 간절한 소망과 꿈을 담고 있다는 점에서 유의할 만하다고 하겠다.

뒤의 시에서는 보다 구체적으로 비관적인 삶의 현장성이 제시되면서 그 속에서 현실의 난관과 시련을 극복해 나아가고자 하는 생명의 숨결이 아프게 제시되고 있어 사실감을 더해 준다.

이 시의 배경은 흔히 말하는 대로 달동네, 즉 철거가 진행돼 가고 있는 변두리 삶의 소외된 풍경이다. 철거와 재개발의 포클레인 소리에 어둔 삶, 가난한 생존의 몸부림이 짓뭉개져지고 쫓겨난 짐승들만 노숙자처럼 쭈그리고 있는 폐허화된 풍경 속에서 "허물어진 건물더미에는/ 허리 끊어지는 가장들의/ 끙끙 앓는 세상 신음 소리뿐인데"와 같이 을씨년스런 소외와 불모의 삶이 펼쳐지고 있을 뿐인 것이다. 말 그대로 불연속으로서 단절과 소외의 삶, 불안과 방황으로서 불확정성의 삶을 살아가고 있는 변두리 인생, 뿌리 뽑힌 자들의 삶의 모습이 묘파되고 있다.

그러나 여기에서도 희망의 꽃은 피어난다. 아직도 떠나지 못한 소녀 하나가 "긴 머리칼 나폴대며/ 아름다운 세상을 꿈꾸는 듯/ 어질머리 이사도라 덩쿤을/ 줄넘기하고 있다"와 같이 어둠 속에서 빛을, 절망 속에서 희망을 꽃피우고 있는 것이다.

이처럼 구이람의 시편들은 어둠 속에서 빛 찾기 또는 절망 속에서 힘과 위안과 희망의 시를 찾아서 꿈을 꽃피우는 그런 모습으로 전개돼 가고 있음을 볼 수 있다. 이러한 고달픔으로서의 생의 인식은 비관적인 시대인식 또는 역사의식과도 접맥되어 관심을 환기한다.

> 평생을 마주 보면서도/ 손잡지 못한다 가로수처럼/ 남南·북北의 한 울타리 사람들// 너와 나/ 우리 모두는 과거를 잃어버려// 오늘도 잃어버리는/ 식물인간들
> ―「식물인간」 전문

> 고욤나무, 감나무로 태어나듯/ 남남南男과 북녀北女/ 두 마음 서로 꽃을 피우자// 눈뜬 나뭇가지들/ 헝겊으로 싸매 주며/ 쌍쌍이 쌍쌍이 손잡고 마음 모아// 꽃처럼 잎처럼 피어나/ 우리 함께 덕성스런 감나무 되어/ 까치밥을 남겨 두자
> ―「접붙이기」 전문

그렇다. 이 시편늘은 개인적인 면에서 다뤄지던 고달픈

삶의 문제가 공적인 면으로의 남북분단의 현실문제로 그 관심을 이행해 가고 있음을 보여 준다. 비관적인 현실 인식이지만 여기에서도 역시 분단비극을 극복하여 남북 상생 또는 통일에의 길로 나아가고 싶다는 꿈으로서 민족화해의 염원과 지향성을 담고 있는 것이다.

이처럼 구이람의 시편들은 기본적인 면에서 고단한 삶으로서의 비관적인 현실 인식을 바탕으로 하고 있지만, 동시에 그로부터 벗어나고 싶다는 갈망과 벗어나야 한다는 어둠 속에서 빛 찾기의 염원을 노래하고 있다는 점에서 특징을 지닌다.

### 4. 생명사상과 식물상상력

한편 시집에는 눈에 크게 띄지 않는 작은 생명들, 특히 식물적 심상들이 다수 등장하여 관심을 환기한다. '민들레/갈대/난蘭/동죽冬竹/채송화/안개꽃/장미/과꽃/봄쑥/고사리/은행나무/소나무/낙타풀/배추/무화과꽃/벚꽃' 등은 물론 통칭으로서 나무, 풀, 낙화, 숲에 이르기까지 다양한 식물상징들이 등장 하여 하나의 식물상상력 체계를 이루고 있기 때문이다.

> 갈라진 길바닥 틈새에
> 수줍은 꽃 한 송이
> 배시시 웃고 있네
>
> 독한 시멘트 길바닥 틈새에

여린 뿌리를 내리고
흙바람 속에서 내미는
앙증맞은 손가락 하나

코끼리 상처를 끌어안고
가슴엔 무수한 밤하늘 별을 심은
네 초록 눈길이
품속처럼 따사롭구나

홀로 무명無明 세상을 머리에 이고서
조찰히 몸 흔들리는
네 웃음꽃 송이를 적어본다

—「채송화 편지」 전문

　작고 보잘것없는 채송화 한 송이에서 생명의 우주를 섬세하게 들여다보는 시인의 안목과 심성은 말 그대로 약한 것, 착한 것, 상처받은 것들에 대한 연민과 동정을 뜻한다는 점에서 생명사상의 한 반영이라고 하겠다. 생명을 세상의 제1 가치로 여겨 존중하고 사랑하며 기루고 섬기는 생각의 체계를 생명사상이라고 부를진대 채송화꽃 한 송이에서 그 위를 지나쳐간 코끼리의 상처를 더듬어 보고, 밤하늘 별의 눈빛을 가슴에 새겨보는 그런 섬세한 사랑의 눈길과 기룸의 자세야말로 진정한 생명사랑의 한 발현이라고 할 수 있기 때문이다. 더구나 채송화꽃 한 송이에서 홀로 무명 세상을 머리에 이고서 조찰히 흔들리는 웃음꽃으로서 사람 세상의 어둠을 읽어 내는 것은 깊이 있는 시인의 시력을 반영한 것이라고 할 것이다.

소름이 돋는 온몸에
망울망울 꽃눈을 틔운다

파아랗게 웅크리고 서서
한 방울 물로 불씨를 일구려는
오랜 기다림……

저 깊은 어둠으로부터
허기진 날들 아득히 길어져
한층 더
날카롭게 돋아 오른
창 끝,

마침내
맺히는 핏방울
사막 폭염을 이겨낸
목마른 꽃, 눈물 한 방울

누구도 살아서 떠나지 못할
이 불모의 도시에서
생명의 절정 파르르
꽃망울을 틔운다

─「선인장 연가」전문

  무엇보다도 이 시에서 보듯이 생명이란 "파아랗게 웅크리고 서서/ 한 방울 물로 불씨를 일구려는" 고통스런 작업, 즉 물과 불의 변증법적 갈등과 화합작용에 의해 비로소 탄생하는 것임을 주의 깊게 읽어낸 것은 소중한 일이 아닐 수 없다. "마침내/ 맺히는 핏방울/ 사막 폭염을 이겨낸/ 목마른 꽃, 눈물 한 방울"에서 생명 탄생의 어려움과 그 소중함을 눈여겨보며 기리고 있는 것이다. 실상 "누구도 살아서 떠나지 못할/ 이 불모의 도시에서/ 생명의 절정 파르르/ 꽃망울을 틔운다"라는 결구 속에는 생명에 대한 가없는 사랑과 공경심을 담고 있음이 분명하다.

  사실 그렇지 아니한가? 이 세상에서 생명보다, 또한 그 생명을 태어나게 하고 자라게 하는 사랑과 그것을 꽃피고 열매 맺게 하는 힘으로서 자유와 평등 평화보다 더 소중한 인류의 가치 덕목이 달리 더 있겠는가? 이 점에서 평범하고 소박하게 이러한 가치덕목을 노래하고 있는 구 시인의 시가 생생한 향기와 가치를 지니고 있음은 물론이다.

> 세상 어느 험한 곳에 있어도/ 지혜의 꽃을 피워내는 천사들/ 모퉁이 거친 땅도 빛내는/ 힘찬 생명의 아기 손들// 순수해도 나약하지 않고/ 남루해도 초라하지 않은/ 그대는 온 누리 평화의 영토를 일군다
> ―「평화의 영토 - 민들레 통신·1」 부분

> 겨울바람이 얼어붙을수록/ 살은 얼다 터지지만/ 산화된 밑동에서 고개 내미는 움/ 새해의 죽순들은/ 그 눈망울 오지게 푸르르다
> ―「동죽冬竹」 부분

은행나무 더부살이 덩굴손/ 온몸을 늘여/ 하늘 끝으로 뻗어 간다// (…중략…)/ 춤추는 바람아/ 깊은 밤/ 노숙하는 어린 새들을 위해/ 내 품속에 잠들려무나// 산새 새끼들의 곤한 꿈속/ 푸른 하늘 구름의 둥지처럼
―「구름의 둥지 - 바람의 노래 · 2」 부분

이 시편들에서 보듯이 시집에는 생명과 사랑, 자유와 평등, 평화라는 소중한 생명의 가치덕목들이 함께 얽히고설키어 녹아들고 있어서 생명사상의 움과 싹이 트고 자라나고 있음을 확인할 수 있게 해 준다.

그렇다, 구이람 시가 추구하고 노래하고자 하는 가장 소중한 덕목들은 바로 생명을 핵심으로 하며 사랑, 자유, 평등, 평화라는 가치들이 생명만다라의 모습을 이루어 가는 것이다. 이 점에서 콘크리트 숲길에서 피어나는 채송화 한 송이, 열사의 사막에서 생명을 꽃피우는 선인장 한 그루에서 생명의 소중함을 발견하고 그것을 찬양하는 시인의 안목과 자세는 의미 있는 일이 아닐 수 없다.


5. 마음비우기와 신생의 시학

이번 구이람의 시집에서 가장 중요한 화두의 하나는 바로 '마음'이라고 하겠다. 이번 그의 시편들은 마음의 문제에서 시작되어 마음의 문제로 전개되고 마무리되는 모습으로 여겨지기 때문이다. 그만큼 마음은 구 시인에게 있어서 출발점이

고 과정 자체이고 결론으로서 대주제에 해당한다고 하겠다.

마음이 어디에 있는지도 모르는데
마음을 비웠다 하네

비웠다는 말 한마디
무슨 의미를 담고 있기에
재벌 회장도, 정치가도, 예술가도
지체 높으신 어르신들 모두

"나 이제 마음을 비웠어"

툭하면 던지기 일쑤라네
어디서 왔다가 어디로 가는지도 모르면서
지하철 노선 실꾸리 같은 마음길을
갑자기 비울 수 있을까

마음이 어디에 어떻게 살고 있는지도 모르는데
모두들 없는 마음을 비웠다 하네
　　　　　　　　　　　　　—「마음 비우기」 전문

1
아기자기 풀꽃들이 머리를 맞대고
사람들이 줄지어 오내리는 작은 산길

부지런히 나무들 따라 오르던 발길이
깜짝 멈추어 섰다

울퉁불퉁 산길이 갑자기
환하게 빛난다

빗살무늬 또렷한 황톳길 위에
내 무거운 발자국 찍힐까 저어하는데
가랑잎 하나 또또르르 앞장선다
누구일까
이렇게 예쁘게 새벽길을 쓸어 놓은 그 사람은

2
그 사람 마음
봄 햇살처럼 따스하고
백목련처럼 맑게 피어 있는가

매일 닦고 씻어야 하는 우리네 땀방울 일상日常
얼굴만 말고 마음을 맑게 씻어내는 사람
세상 밝음도 그 마음거울에서 피어나는 한 송이 꽃인 것을

새로 돋아나는 향긋한 마음길을 보면서
오늘은 산책길이 어린 날 소풍처럼 마냥 즐겁다
—「봄 햇살로 마음을 닦다」 전문

이 두 편의 시에는 구이람 시인의 마음에 대한 인식의 태도와 지향점이 잘 드러나 있다.

먼저 앞의 시에는 마음에 대한 인식이 제시된다. 마음이란 무엇이던가? 그것을 불가에서는 어느 대상을 포착하여 사유하는 작용을 일컫는 게 아니던가. 특히 마음이란 본래 청정한

것으로서 정심 즉 진심을 의미하기에, 번잡한 마음으로서의 망심과 산란한 마음으로서의 산심散心을 끊어내는 것을 하나의 이상으로 한다. 이른바 탐욕과 성냄과 어리석음으로서 삼독과 애착과 집착, 원착의 삼착을 끊어내려는 몸부림이 그 대표적인 마음의 수행작용이라고 할 것이다.

따라서 이 시는 어디에서 왔는지도 모르고 어디로 가는지도 모르며 그 실체나 올바른 의미도 모르는 채 마음을 비웠다고 하는 세속의 말들과 세태에 대해 반성적 사유를 촉구하는 것으로 보인다. "어디서 왔다가 어디로 가는지도 모르면서/ 지하철 노선 실꾸리 같은 마음길을/ 갑자기 비울 수 있을까?"라는 구절 속에는 이러한 사유수思惟修의 마음이 담겨 있는 것이라고 하겠다. 무엇보다도 "마음이 어디에 어떻게 살고 있는지도 모르는데/ 모두들 없는 마음을 비웠다 하네"라는 결구 속에는 알려고 하는 마음, 움직이는 마음으로서 마음의 실체를 알지도 못하고 마음을 남발하는 세태를 풍자하면서 진정한 마음갖기와 마음비우기로서 마음닦기가 얼마나 어렵고 소중한 일인가를 강조하는 뜻을 담고 있다고 하겠다. 아울러 이 시대가 진심과 성심이 없이 온갖 위선과 과장, 타락만이 횡행하고 있는 것을 비판하고 있는 것이기도 하다.

여기에서 뒤 시의 의미가 드러난다. 그것은 진정한 마음을 갖는 일로서 선禪을 말하고자 하는 것이다. 선이란 무엇이던가? 한마디로 그것은 마음가라앉히기 또는 마음닦기로서 사유수를 말하는 것이 아니던가. 바로 이 점에서 이 시는 '새벽길을 쓸어 놓는' 행위와 '마음거울을 맑게 닦는' 일로서 그러한 사유수로서 선의 실체를 말하고자 하는 것으로 여겨진다. 우리의 마음은 호수와 같아서 가랑잎이 떨어져도 흔들리고, 바람이 불면 고요한 수면이 깨어져서 우리의 본모습을 비춰볼 수 없게 되지 않던가? 또한 우리의 마음은 거울과 같아서 가만히 두면 먼지가 앉고 때가 끼고 마침내 녹이 슬어 얼굴을 비춰볼 수 없게 되지 않던가. 바로 이 점에서 '마음가라앉히기'와 '마음닦기'로서 새벽길을 이쁘게 쓰는 일과 마음 거울 맑게 닦는 일이 제시되고 있는 것이다. "세상 밝음도 그 마음 거울에서 피어나는 한 송이 꽃인 것을"이라는 구절 속에는 바로 이러한 마음 깨침으로서 선의 경지가 잘 형상화된 것임이 분명하다.

"새로 돋아나는 향긋한 마음길을 보면서/ 오늘은 산책길이 어린 날 소풍처럼 마냥 즐겁다"라는 결구는 그러한 마음 비우고 닦아냄으로써 마침내 도달하게 되는 불교적 진심으로서 동심과 시심이 맑게 피어나는 모습, 그 자체가 아닌가 하는 말이다.

### 6. 맺음말: 시의 부활과 신생을 기대하며

그러나 구이람의 시가 가야 할 길은 아직도 멀다. 출발선상에서 새로이 시작되는 그의 시는 이제부터 '피를 잉크로 blood in ink!'라는 정신의 치열성과 뼈아픈 노력을 통해 새로운 경지를 스스로 열어가지 않으면 안 된다.

옛말에 스스로의 살을 펴서 종이를 삼고, 뼈를 추려서 붓을 삼으며 피를 먹으로 찍어서 시를 쓰라고 이르지 않았던가. 그만큼 진실한 마음과 성실한 자세, 그리고 치열성과 일관성으로서 시적 진정성을 바탕으로 하여 자신과 정면대결을 벌여 나아가야만 하리라는 뜻이리라. 중진시학자로서 명문대학의 권위 있는 교수로서의 모습은 일단 접어 두고, 새로이 출발하는 신진시인의 그 설레는 첫 마음의 겸허한 자세로 새로 시적 인생의 부활, 시인으로서의 신생을 성취해 나아가야만 한다는 뜻이다. 그럴 때 비로소 시신은 그에게 화안하게 미소 지으며 다가와서 맑고 아름다운 시의 꽃망울을 폭죽처럼 터뜨리기 시작할 것이 분명하다.

그래선지 어디에선가 그의 아름다운 시 한 편이 두터운 겨울바람 속에서 봄의 숨결을 향그러이 일렁이며 들려오는 듯하다.

> 머리카락 자라듯이
> 내 시상詩想도 그렇게 부지런히 자란다면
> 자란자란 머리카락 자르듯이
> 때묻은 삶을 잘라낸다면
> 남루한 내 인생에도 새 움이 돋을까 몰라
>
> 미장원 쇼윈도 밖에서는
> 인부들이 우르르
> 플라타너스의 긴 겨울팔뚝들을
> 싹둑싹둑 잘라내고 있다
>
> —「미장원 쇼윈도 풍경」 전문

## 시인 구이람

본명: 구명숙具明淑
숙명여대 국문과와 동 대학원 졸업
독일 빌레펠트대학 문학박사
일본 와세다대학 객원교수
1999년 『시문학』으로 등단
2009년 9월 『시와시학』으로 재등단
현재 숙명여자대학교 인문학부 교수, 박물관장/ 문화원장, 한국어문화연구소 소장, (사)글로컬여성네트워크 회장, 한국양성평등교육진흥원 이사장, 한국문인협회 회원.

E-mail: k9350m@hanmail.net


## 그 여자 몇 가마의 쌀 씻어 밥을 지어 왔을까

지은이 | 구이람
펴낸이 | 설보혜
펴낸곳 | 시학Poetics
1판1쇄 | 2009년 12월 25일
출판등록 | 2003년 4월 3일
주소 | 서울 종로구 명륜동1가 42
전화 | 744-0110
FAX | 3672-2674

값 8,000원

ISBN 978-89-91914-86-5  03810

* 저자와의 협의에 의해 인지를 생략합니다.
* 잘못된 책은 바꾸어 드립니다.